CHAMBRE DE COMMERCE DU HAVRE

OBSERVATIONS

SUR LE

PROJET DE RÉVISION DU LIVRE II

DU CODE DE COMMERCE

HAVRE

Imprimerie de G. Cazavan et C⁰, rue Saint-Julien, n⁰ 16.

1868

OBSERVATIONS

SUR LE

PROJET DE RÉVISION DU LIVRE II

DU CODE DE COMMERCE

HAVRE

Imprimerie de G. Cazavan et C⁰, rue Saint-Julien, n⁰ 16.

1868

OBSERVATIONS

SUR LE PROJET DE

RÉVISION DU LIVRE II DU CODE DE COMMERCE

TITRE PREMIER.

DES NAVIRES ET AUTRES BATIMENTS DE MER.

ARTICLE 190.

Les navires et autres bâtiments de mer sont meubles; néanmoins, ils peuvent être hypothéqués. Les créanciers ayant privilége ou hypothèque inscrite sur un navire le suivent, en quelques mains qu'il passe, pour être colloqués et payés suivant l'ordre de leurs créances ou inscriptions.

Admis.

ARTICLE 191.

Sont privilégiées, et dans l'ordre où elles sont rangées, les créances ci-après :
1° Les frais de justice et autres frais pour parvenir à la vente et à la distribution du prix ;
2° Les droits de pilotage, tonnage, cale, amarrage, et bassin ou avant-bassin ;
3° Les gages du gardien et les frais de garde du bâtiment ;
4° Le loyer du magasin où se trouvent déposés les agrès ou apparaux ;
5° Les frais d'entretien du bâtiment et de ses agrès et apparaux depuis son entrée dans le port ;

6° Les frais et indemnités dus à l'occasion du sauvetage pour le dernier voyage ;

7° Les loyers et gages du capitaine et autres gens de l'équipage employés depuis l'ouverture du dernier rôle d'équipage, quel que soit le mode de rémunération de leurs services ;

8° Les sommes prêtées à la grosse pour les besoins du bâtiment pendant le dernier voyage, et le remboursement du prix des marchandises vendues pour le même objet ;

9° Les sommes avancées pour la construction d'un navire par celui pour le compte duquel le navire est construit, si le navire ne lui a point encore été livré ;

10° Les sommes dues aux fournisseurs et ouvriers employés par le propriétaire du navire à sa construction, si le navire n'a point encore fait de voyage ;

Si ce navire a été construit à forfait par un entrepreneur pour le compte d'un tiers auquel il a été livré, les ouvriers ont privilège sur le navire, jusqu'à concurrence seulement de ce dont celui pour lequel ce navire a été construit se trouve débiteur envers l'entrepreneur au moment où l'action est intentée ;

11° Les sommes dues pour fournitures, travaux, main-d'œuvre, réparations, victuailles, armement et équipement avant le départ du navire, s'il a déjà navigué ;

12° Les sommes dues au vendeur du navire pour son prix ;

13° Le montant des primes d'assurances faites sur le corps, quille, agrès, apparaux, et sur les armement et équipement du navire, dues pour le dernier voyage quand l'assurance est faite au voyage, ou pour la dernière année quand l'assurance est faite à l'année ;

14° Les dommages-intérêts dus aux affréteurs pour le défaut de délivrance des marchandises qu'ils ont chargées, ou pour le remboursement des avaries souffertes par lesdites marchandises par la faute du capitaine ou de l'équipage ;

15° Les dommages-intérêts dus pour cause d'abordage.

Les créanciers compris dans chacun des numéros du présent article viendront en concurrence et au marc le franc, en cas d'insuffisance du prix.

Les créanciers hypothécaires sur le navire viendront dans leur ordre d'inscription après les créances privilégiées.

Admis, sauf les modifications suivantes :

Dans le premier projet, *le Remorquage*, pour le dernier voyage, était déclaré *privilégié*, ce que la Chambre de Commerce avait reconnu juste : ce privilège ne reparaît plus ici, sans indication non plus des motifs de cette disparition ; cependant, l'équité en paraît si évidente que la Chambre en demande le rétablissement.

Il semble juste, aussi, qu'il vienne immédiatement après le *Pilotage*, au paragraphe 2°, qui pourrait être formulé comme suit :

Paragraphe 2° : Les droits de pilotage, remorquage, tonnage, *cale*, amarrage et bassin ou avant-bassin.

La Chambre demande, en outre, qu'au paragraphe 7, et après les mots : « quel que soit le mode de rémunération de leurs services, » il soit ajouté :

« *Et sans préjudice de tout recours contre les propriétaires du navire pour le fret acquis.* »

Cette addition a pour objet de prévenir toute espèce de doute sur les droits des marins, lesquels seront établis plus tard.

Au 10°, la rédaction proposée ne prévoit, au premier paragraphe, que les fournitures pour la *construction;* mais il peut arriver souvent, aussi, que le navire se trouve dans un état, plus ou moins avancé, d'*armement et équipement;* aux mots, seulement, de *à sa construction,* il paraît donc nécessaire de substituer : *à ses construction, armement et équipement,* si le navire n'a point encore fait de voyage.

La rédaction du deuxième paragraphe, au même 10°, et dans sa seconde moitié, est laborieuse et embarrassée. La Chambre de Commerce propose de la modifier, en la remplaçant comme suit :

« Jusqu'à concurrence seulement de la somme encore due à l'entrepreneur au moment
» où l'action est intentée. »

ARTICLE 192.

Le privilége accordé aux créances énoncées dans le précédent article ne peut être exercé qu'autant qu'elles sont justifiées dans les formes suivantes :

1° Les frais de justice seront constatés par les états de frais arrêtés par les juges ou tribunaux compétents ;

2° Les droits de douanes et autres, par les quittances légales des receveurs ;

3° Les dettes désignées par les numéros 3, 4, 5 et 6 de l'article 191, par les états arrêtés par le président du tribunal de commerce ;

4° Les gages et loyers de l'équipage, par les rôles d'armement et de désarmement ;

5° Les sommes prêtées à la grosse et la valeur des marchandises vendues pour les besoins du navire pendant le dernier voyage, par les autorisations données au capitaine à l'effet d'emprunter et de vendre, et par les actes d'emprunt passés en conséquence, conformément aux dispositions des articles 243, 337, 338 et 339 ci-après ;

6° Les avances faites pour la construction d'un navire, et les sommes dues aux ouvriers par le propriétaire du navire pour sa construction, par tous les moyens de preuve énoncés en l'article 109 ;

7° Les sommes dues aux ouvriers et les fournitures pour l'armement, l'équipement et les victuailles du navire, par les mémoires, factures ou états visés par le capitaine et arrêtés par l'armateur, dont un double sera déposé au greffe du tribunal de commerce, avant le départ du navire, ou au plus tard dans les dix jours après son départ ;

8° La vente du navire, par un acte ayant date certaine au moyen de la mention qui en est faite sur l'acte de francisation, ainsi qu'il est dit en l'article 194 ci-après ;

9° Les primes d'assurances, par les polices ou par les extraits des livres des courtiers d'assurance;

10° Les dommages-intérêts dus aux affréteurs, et ceux dus pour cause d'abordage, par les jugements ou par les décisions arbitrales qui seront intervenus, ou par les règlements arrêtés entre les parties.

Admis.

ARTICLE 193.

Les priviléges s'éteignent, indépendamment des moyens généraux d'extinction des obligations, par la vente en justice faite dans les formes établies au titre suivant, ou par la vente volontaire mentionnée sur l'acte de francisation, publiée au port d'attache, dans le journal désigné pour les publications judiciaires et affichée au mât où à la partie la plus apparente du navire, sans opposition de la part des créanciers du vendeur, notifiée dans le mois de la publication et de l'affiche tant au vendeur qu'à l'acheteur.

Néanmoins, les droits de préférence des créanciers subsistent sur le prix tant qu'il n'a pas été payé ou distribué.

Admis.

ARTICLE 194.

La vente d'un navire peut être établie pour tous les moyens de preuve énoncés en l'article 109.

Néanmoins, la vente totale ou partielle d'un navire n'est opposable aux tiers qu'autant qu'elle est mentionnée sur l'acte de francisation.

La rédaction au premier projet, acceptée par la Chambre de Commerce, conservait, à la suite du premier paragraphe, une disposition de l'article 195 actuel, ainsi conçu : « Elle » (la vente) peut être faite pour un navire entier ou pour une portion de navire, le navire » étant dans le port ou en voyage. »

La Chambre de Commerce réclame, comme *indispensable*, le rétablissement textuel de cette disposition, dont la disparition, sans indication de motifs, ne paraît avoir pu être qu'involontaire.

Evidemment, le deuxième paragraphe *seul* serait tout à fait insuffisant.

TITRE II.

DE LA SAISIE ET DES VENTES DE NAVIRES.

ARTICLE 195.

La saisie de tout bâtiment de mer sera précédée d'un commandement fait à la personne ou au domicile du propriétaire débiteur.

La saisie ne pourra être faite qu'un jour après le commandement, sans augmentation de délai en raison des distances.

Admis.

Article 196.

Le commandement de payer peut être fait au capitaine du navire, si la créance est du nombre de celles énumérées dans l'article 191.

Admis.

Article 197.

L'huissier énonce dans le procès-verbal :
Les noms, profession et demeure du créancier pour qui il agit ;
Le titre en vertu duquel il procède ;
La somme dont il poursuit le payement ;
L'élection du domicile, faite par le créancier dans le lieu où siège le tribunal de commerce devant lequel la vente doit être poursuivie et dans le lieu où est le navire saisi ;
Les noms du propriétaire et du capitaine ;
Le nom, l'espèce et le tonnage du bâtiment.
L'huissier fait aussi l'énonciation des chaloupes, canots, agrès, ustensiles, armes, munitions et provisions.
Il établit un gardien.
Les agrès et apparaux pourront être compris dans la saisie, même lorsqu'ils seront séparés du navire.

Admis.

Article 198.

Dans le délai de trois jours, le saisissant doit, par requête présentée au président du tribunal de commerce, provoquer la nomination d'un juge commissaire devant lequel il sera procédé à la vente, et notifier au propriétaire du navire saisi copie du procès-verbal de saisie, avec indication du juge commis.
Si le propriétaire n'est point domicilié dans le ressort du tribunal de commerce, la notification lui est faite en la personne du capitaine du bâtiment saisi, ou, en son absence, en la personne de celui qui représente le propriétaire ou le capitaine.
Lorsque ni le capitaine, ni le représentant du propriétaire ou du capitaine n'est sur les lieux, le délai de trois jours est augmenté d'un jour à raison de cinq myriamètres de la distance du domicile du propriétaire.
Si le propriétaire est étranger, hors de France et non représenté, la notification lui est faite ainsi qu'il est prescrit dans l'article 59 du Code de procédure civile.

Admis.

Article 199.

Dans les huit jours de la notification, avec augmentation d'un jour par cinq myriamètres de distance, le saisi doit, à peine de déchéance, signifier au saisissant les moyens de nullité de la saisie, avec citation devant le tribunal de commerce.

Admis.

Article 200.

Quinze jours au moins et vingt jours au plus avant l'adjudication, dont le jour et le lieu seront fixés par le juge commis, l'avis de la vente sera publié dans l'un des journaux désignés pour l'insertion des annonces judiciaires, sans préjudice de toutes autres publications qui seraient autorisées par le juge commis.

Admis.

Article 201.

Dans les deux jours qui suivent l'insertion de l'avis, il est apposé des affiches :
Au grand mât, ou sur la partie la plus apparente du bâtiment saisi ;
A la porte principale du tribunal devant lequel on procède ;
Dans la place publique et sur le quai du port où est le bâtiment.

Admis, moyennant, toutefois, modification du dernier paragraphe, qui devrait être formulé comme suit :
« Dans la place publique, sur le quai du port où est le bâtiment, et *à la Bourse de* » *Commerce.* »
La disposition soulignée existe dans la loi actuelle; elle était reproduite dans le premier projet; ce n'est que par mégarde, sans doute, qu'elle a disparu.

Article 202.

Les annonces et les affiches doivent désigner :
Les noms, profession et demeure du poursuivant ;
Les titres en vertu desquels il agit ;
Le montant de la somme qui lui est due ;
L'élection de domicile par lui faite dans le lieu où siége le tribunal de commerce et dans le lieu où se trouve le bâtiment ;
Les noms, profession et domicile du propriétaire du bâtiment saisi;
Le nom du bâtiment, et, s'il est armé ou en armement, celui du capitaine ;
Le tonnage du navire ;

Le lieu où se trouve le navire ;
La mise à prix ;
Les jour, lieu et heure de l'adjudication.

Admis.

ARTICLE 203.

Huit jours au plus après la saisie, le poursuivant dépose au greffe du tribunal de commerce un cahier des charges contenant :
1° La désignation du navire et des accessoires mis en vente;
2° L'énonciation de la saisie, ainsi que des actes et jugements intervenus postérieurement ;
3° La mise à prix et les conditions de la vente.

Admis.

ARTICLE 204.

Dans les trois jours du dépôt, il est fait à la partie saisie, dans la forme prescrite par l'article 189, sommation de prendre communication du cahier des charges et d'assister à l'adjudication.

Admis.

ARTICLE 205.

Huit jours après la sommation, la partie saisie et les créanciers sont tenus de faire insérer dans le cahier des charges leurs dires et leurs observations.
Passé ce délai, ils ne seront plus recevables à proposer des changements, dires ou observations.

Admis.

ARTICLE 206.

Les demandes en nullité de la procédure postérieure à la saisie, quels qu'en soient les motifs, et les demandes en distraction doivent être formées dans le délai déterminé par l'article précédent, également à peine de déchéance.
Les demandes en distraction doivent être mentionnées au cahier des charges et notifiées au poursuivant; elles contiennent l'exposé sommaire des moyens.
Lorsqu'elles sont formées après l'expiration du délai ci-dessus fixé, elles sont converties de plein droit en oppositions à la délivrance des sommes provenant de la vente.

Admis.

2

Aeticle 207.

Il est statué par le tribunal, par un seul et même jugement, sur les contestations soulevées par les dires insérés au cahier des charges, les demandes en nullité de la procédure postérieure à la saisie et sur les demandes en distraction. Le jugement est rendu sur le rapport du juge commis.

Admis.

Article 208.

Le tribunal prononce, s'il y a lieu, et suivant la gravité des faits, la nullité de la saisie ou de la procédure postérieure, et, dans ce cas, il ordonne la reprise des poursuites à compter du dernier acte valable.

Admis.

Article 209.

Le jugement ne peut être attaqué par la voie de l'opposition.

L'appel doit, à peine de déchéance, être interjeté dans les dix jours de la prononciation du jugement.

Les arrêts par défaut ne sont pas susceptibles d'opposition.

Admis.

Article 210.

Avant l'adjudication, le juge commis peut accorder une remise de quinze jours au plus.

La remise est annoncée et affichée dans le forme prescrite par les articles 200 et 201, trois 'ours au moins avant l'adjudication.

Admis.

Article 211.

Au jour fixé pour l'adjudication, les enchères sont reçues par le juge commis.

L'adjudication est faite au plus offrant et dernier euchérisseur; elle est constatée par procès-verbal dressé par le juge commis.

Admis.

Article 212.

L'adjudication du navire fait cesser les fonctions du capitaine, sauf à lui à se pourvoir en dédommagement, s'il y a lieu, contre celui qui l'aurait proposé.

Admis.

Article 213.

Les adjudicataires sont tenus de payer le prix de leur adjudication dans le délai de trois jours, ou de le consigner sans frais à la Caisse des dépôts et consignations.

A défaut de payement ou de consignation, le bâtiment sera remis en vente et adjugé, après une nouvelle insertion dans les journaux et une nouvelle affiche, à la folle enchère des adjudicataires , qui seront tenus du déficit, des dommages-intérêts et des frais.

Admis.

Article 214.

Si, avant l'adjudication, le fol enchérisseur justifie de l'acquit des conditions de l'adjudication et de la consignation d'une somme réglée par le juge commis pour les frais de folle enchère, il ne sera pas procédé à l'adjudication.

Admis.

Article 215.

Dans les trois jours qui suivent l'adjudication, les oppositions à la délivrance du prix sont reçues au greffe ; passé ce délai, elles ne sont plus admises.

Admis.

Article 216.

Après l'expiration des trois jours, il est fait sommation par le poursuivant aux opposants et créanciers hypothécaires de produire leurs titres, et à la partie saisie d'en prendre communication et de contredire, s'il y a lieu.

Admis.

Article 217.

Les créanciers opposants et les créanciers hypothécaires sont tenus de produire au greffe leurs titres de créances et de déposer leur demande en collocation dans les trois jours de la sommation qui leur est faite. Faute de quoi, il sera procédé à la distribution du prix sans qu'ils y soient compris.

Admis.

Article 218.

Après l'expiration du délai de trois jours fixé par l'article précédent, et sur la remise faite par le poursuivant des originaux des sommations au juge commis, celui-ci, dans les huit jours au plus tard de la remise, constate sur son procès-verbal les productions ; il dresse l'état des collocations et le dépose au greffe.

Admis.

Article 219.

Le délai de huit jours expiré, le poursuivant dénonce le procès-verbal contenant l'état des collocations à tous les créanciers produisants et au saisi, avec sommation d'en prendre communication et de contredire sur le procès-verbal dans le délai de huitaine.

Faute par les créanciers produisants ou par le saisi de prendre communication et de contredire, ils demeurent forclos.

Admis.

Article 220.

S'il y a des contestations, elles sont renvoyées à l'audience au jour indiqué par le juge commis, et jugées sur son rapport, sans qu'il soit besoin de citation.

L'état des collocations est modifié, s'il y a lieu, conformément au jugement.

L'état des collocations étant devenu définitif, le juge commis délivre les bordereaux de collocation aux créanciers utilement colloqués.

Admis.

Article 221.

La collocation est faite entre les créanciers privilégiés dans l'ordre prescrit par l'article 191 ; entre les créanciers hypothécaires, suivant leur rang d'inscription, et entre les autres créanciers, au marc le franc de leurs créances.

Tout créancier colloqué l'est tant pour le principal de sa créance que pour les intérêts et les frais.

Admis.

ARTICLE 222.

Le bâtiment dont le capitaine a reçu ses expéditions pour son voyage n'est pas saisissable, si ce n'est à raison de dettes contractées pour le voyage qu'il va faire ; et, dans tous les cas, la saisie d'un navire peut être empêchée ou levée, moyennant caution donnée au créancier de le payer dans un bref délai convenu entre les parties ou fixé par le tribunal de commerce.

Admis.

TITRE III.

DES PROPRIÉTAIRES DE NAVIRES.

ARTICLE 223.

Le navire en construction appartient au constructeur ou à l'armateur, suivant les distinctions établies par les articles 1788 et 1789 du Code Napoléon.

Admis.

Ici, pour trancher définitivement des questions controversées et pour régler les droits des propriétaires entr'eux avant de s'occuper de leurs obligations à l'égard des tiers, le premier projet proposait un article *nouveau*, ainsi conçu :

« La simple copropriété d'un navire n'entraine pas solidarité entre les divers proprié-
» taires. »

Cet article, d'une utilité universellement reconnue, a disparu, sans motifs indiqués : la Chambre de Commerce en demande le rétablissement sous le n° 224, ce qui modifierait les n°ˢ des articles suivants.

ARTICLE 224.

En tout ce qui concerne l'intérêt commun des propriétaire d'un navire, l'avis de la majorité est suivi. La majorité se détermine par une portion d'intérêt dans le navire excédant la moitié de sa valeur. La licitation du navire ne peut être ordonnée que sur la demande des propriétaires formant ensemble la moitié de l'intérêt total dans le navire, s'il n'y a, par écrit, convention contraire.

En cas de licitation, les charges grevant chaque part de propriété du navire passent de plein droit sur la part du prix qui en représente la valeur.

Admis.

ARTICLE 225.

Les propriétaires de navires sont civilement responsables des faits du capitaine et tenus des engagements contractés par lui dans l'exercice de ses fonctions. Ils peuvent, par l'abandon du navire et du fret déjà perçu ou à percevoir, s'affranchir de ces obligations, à l'exception des loyers et gages de l'équipage.

Toutefois la faculté d'abandon n'est accordée ni au propriétaire, ni à celui qui est en même temps capitaine et propriétaire ou copropriétaire du navire, s'ils se sont personnellement engagés.

Nous demandons le rétablissement de l'article ancien (216), attendu que la responsabilité de l'armateur doit s'arrêter à la valeur du navire et du fret pour *tous les cas*, qu'on ne doit pas en excepter les loyers et gages de l'équipage, parce que le cas d'abandon ne peut se présenter que dans deux circonstances :

1° Au port d'arrivée, mais alors l'équipage exercera ses droits en privilége sur le montant du fret et la valeur du navire.

2° En cas de prise, naufrage ou déclaration d'innavigabilité ; ce sont des cas de force majeure, dont l'armateur ne peut pas seul subir les fâcheuses conséquences, au-delà de la valeur du navire et du fret.

Entre tous les motifs qui ont déterminé le légis-lateur de 1841 à adopter l'article 216 (ancien), les plus puissants à faire valoir, sont bien encore ceux de la force majeure ; vouloir qu'au cas même de force majeure, l'armateur ne soit pas limité dans ses sacrifices par l'abandon du navire et du fret, c'est vouloir une chose reconnue injuste par le législateur de 1841.

Quant au second paragraphe, entièrement nouveau, la Chambre le repousse complétement. Elle demande le rétablissement pur et simple du paragraphe actuel de l'article 216, ainsi conçu :

« Toutefois la faculté d'abandon n'est point accordée à celui qui est en même temps ca-
» pitaine et propriétaire ou copropriétaire du navire. Lorsque le capitaine ne sera que
» copropriétaire, il ne sera responsable des engagements contractés par lui, pour ce qui
» est relatif au navire et à l'expédition, que dans la proportion de son intérêt. »

Dans la conviction de la Chambre de Commerce, en effet, admettre le capitaine *proprietaire* ou *copropriétaire* a la faculté d'abandon, serait porter une grave atteinte au principe, déjà exceptionnel à raison de la matière, qui fait la base même *du système traditionnel en France*, et que la commission du gouvernement déclare elle-même vouloir maintenir. On peut prédire que ce système entier serait renversé dans un bref délai par la seule force des choses et de la logique.

La Chambre de Commerce a la confiance qu'ayant égard à sa demande, sur cet intérêt de premier ordre pour notre marine marchande, le Conseil d'Etat voudra bien s'en référer au rapport et à la discussion de la loi de 1841, dont les détails justifieront toutes ses convictions.

La Chambre de Commerce n'a pu trouver que spécieuses les considérations présentant comme inégale en apparence, ou dangereuse pour les tiers, la situation actuelle du capitaine *propriétaire ou copropriétaire*.

Au regard de ses copropriétaires, en effet, il n'y a lieu à aucune comparaison, puisque, *propriétaire ou copropriétaire*, seul il agit alors *personnellement, pour sa chose propre*, et non par mandataire.

On oublie trop facilement le lien du *devoir moral*, qui l'oblige, dans tous les cas, à agir au mieux des intérêts qu'il représente, du navire ou du chargement ; on oublie que , partout, en cas d'avaries ou d'accident , c'est à la suite d'expertises régulières et toujours avec l'assentiment de l'autorité locale, qu'il contracte ses engagements, tout en demeurant constamment responsable de *ses fautes* , s'il se découvre qu'il en a pu commettre. A son point de vue particulier donc, et étant toujours libre de prendre ou de ne pas prendre la charge de cette nature de propriété , sa situation, en réalité, est parfaitement régulière et ne prête aucun fondement solide aux craintes qu'elle a suggérées.

ARTICLE 226.

L'abandon peut être pur et simple ou conditionnel, fait à tous les créanciers ou à quelques-uns seulement.

Il peut être fait avant toutes poursuites par acte au greffe du tribunal de commerce.

S'il y a poursuites, le propriétaire qui veut faire abandon est tenu de le notifier par acte d'huissier huit jours au plus tard après le commandement ou la demande en justice dirigée contre lui.

Les créanciers à qui l'abandon a été tardivement notifié conservent tous leurs droits sur le navire et contre le propriétaire.

Cet article, destiné à réglementer l'abandon, sans que les motifs de ses diverses dispositions aient été indiqués, paraît aussi avoir besoin d'être remanié.

Au premier paragraphe, comment l'abandon pourrait-il être *conditionnel* ? Cela semble peu admissible. En effet, ou l'abandon est fait pour se libérer de la dette, ou la dette est acceptée , et dès lors plus d'abandon possible.

Pourquoi encore *fait à tous les créanciers ou à quelques-uns seulement ?*

A cet égard, évidemment, le débiteur est libre de faire ce qui lui convient : s'il veut payer *tous* les créanciers, *sans user de la faculté d'abandon* , il en est aussi toujours le maître. Il ne semble donc pas qu'il y ait lieu à rien ajouter dans la loi à cet égard.

Le deuxième paragraphe a paru non moins superflu : Le débiteur est libre d'user , au moment où il le juge convenable, de son droit d'abandon ; ce qui est à préciser, c'est le terme au delà duquel l'abandon est tardif et sans valeur.

Le troisième paragraphe, à cet égard, supplée utilement à une lacune actuellement existante , et qui se trouve être une cause fréquente de retards et de procédures multipliées. Le délai de huit jours proposé paraît parfaitement suffisant.

Le quatrième paragraphe complète régulièrement la disposition déterminée par le troisième paragraphe.

ARTICLE 227.

En cas d'abandon, tout créancier peut prendre le navire pour son compte, à la charge de payer les autres créances privilégiees.

Si aucun créancier ne prend le navire pour son compte, il est vendu à la requête du créancier le plus diligent. Le prix est distribué entre les créanciers ; l'excédant, s'il y en a un, appartient au débiteur qui a fait abandon.

La Chambre admet le premier paragraphe ; mais le deuxième nécessite une modification. Il peut arriver, en effet, que *plusieurs* créanciers soient disposés à prendre le navire, à charge de payer les autres , et il y a lieu, dès lors, de le prévoir.

Le deuxième paragraphe ne pourrait-il pas être modifié comme suit :

« Si aucun créancier ne prend le navire pour son compte , ou *si plusieurs réclament la faculté de le prendre* , il est vendu à la requête du créancier le plus diligent, etc., etc.

ARTICLE 228.

Le propriétaire peut congédier le capitaine. Il n'y a pas lieu à indemnité s'il n'y a convention par écrit.

Si le capitaine congédié est copropriétaire du navire, il peut renoncer à la copropriété, et exiger le remboursement du capital qui la représente.

Le montant de ce capital est déterminé par des experts convenus ou nommés d'office.

La Chambre de Commerce demande au premier paragraphe l'addition du mot *toujours* , comme suit :

« Le propriétaire peut *toujours* congédier le capitaine. »

Il importe que ce droit soit confirmé d'une manière incontestable.

ARTICLE 229.

L'armateur qui est propriétaire ou mandataire des propriétaires représente en justice les propriétaires du navire pour tout ce qui est relatif à l'armement et à l'expédition.

Une erreur, de copiste ou d'impression, paraît s'être glissée au commencement de cet article; on lit : « L'armateur qui est *propriétaire* ou mandataire des propriétaires, etc., etc. »

Ce doit être évidemment : l'armateur qui est *copropriétaire* ou mandataire, etc., etc.

TITRE IV.

DU CAPITAINE.

ARTICLE 230.

Tout capitaine, maître ou patron chargé de la conduite d'un navire ou autre bâtiment est garant de ses fautes, même légères, dans l'exercice de ses fonctions.

Admis.

ARTICLE 231.

Il est responsable des marchandises dont il se charge. Il en fournit une reconnaissance. Cette reconnaissance se nomme *connaissement*.

Admis.

ARTICLE 232.

Le capitaine qui contracte en cas de force majeure n'engage que le navire, s'il ne s'est obligé personnellement.

La Chambre de Commerce repousse cet article, entièrement nouveau, qui ne paraît reposer que sur des idées confuses ou inexactes. Le capitaine, en effet, n'est qu'un *mandataire*, et la *qualité* de mandataire ne peut évidemment pas cesser ou se maintenir, suivant les circonstances, l'obligation du capitaine est donc absolue, dans tous les cas; seulement, la loi a réservé, *au mandant*, à raison de la matière maritime, la faculté de se libérer *par abandon*. L'article 216 ancien qui serait rétabli sous le n° 226 (suivant la demande de la Chambre de Commerce), a pourvu au nécessaire à cet égard et il suffit à tout.

C'est *toujours par suite* de force majeure que le capitaine se trouve appelé à prendre des engagements, après, toutefois encore, l'accomplissement des mesures prescrites, dans l'intérêt des tiers, pour en assurer la régularité et pour en limiter la mesure au nécessaire.

La disposition proposée est donc erronée à tous points de vue, et doit disparaître.

ARTICLE 233.

Il appartient au capitaine de former l'équipage du navire, de choisir et louer les matelots et autres gens de l'équipage ; ce qu'il fera néanmoins de concert avec les propriétaires, lorsque ceux-ci seront sur les lieux, ou qu'ils y seront représentés par des fondés de pouvoirs.

Admis.

ARTICLE 234.

Le capitaine tient un registre de bord, coté et paraphé par l'un des juges du tribunal de commerce, ou par le maire ou son adjoint dans les lieux où il n'y a pas de tribunal de commerce. Ce registre contient les résolutions prises pendant le voyage et tous les faits de la navigation, la recette et la dépense concernant le navire, et généralement tout ce qui concerne le fait de sa charge et tout ce qui peut donner lieu à un compte à rendre ou à une demande à former.

Les faits relatifs à la navigation peuvent être consignés séparément sur un livre de loch, coté et paraphé.

Le premier paragraphe, admis.

Mais au lieu du deuxième paragraphe, d'après lequel le livre de loch ne serait que facultatif, la Chambre demande le rétablissement du paragraphe proposé dans le premier projet et accepté par elle, ainsi conçu :

« Indépendamment du registre de bord coté et paraphé, le capitaine tient un livre de » loch contenant tout ce qui concerne les faits de la navigation. »

Il importe que le livre de loch, universellement réclamé au point de vue nautique soit obligatoire.

ARTICLE 235.

Le capitaine est tenu de faire visiter son navire et la machine, s'il y a lieu, aux termes des règlements.

Les procès-verbaux de visite sont déposés au greffe du tribunal de commerce. Il en est délivré extrait au capitaine.

La Chambre de Commerce persiste à penser que le maintien des termes « avant de prendre charge, » existant dans l'article 225 ancien et que l'on a supprimés sans indication de motif, est indispensable. Elle pense, de plus, que l'addition embarrassante des mots « *et la machine s'il y a lieu* » n'est qu'inutile.

Il suffit, en effet, que la loi prescrive *qu'avant le départ*, le navire (qu'il soit à voiles ou à vapeur) sera visité conformément aux règlements. Les règlements détermineront tout ce qui se rattache *à la visite* et spécialement ce qui doit concerner *la machine pour les navires à vapeur :* si par les mots « s'il y a lieu » on a voulu laisser entendre que la *machine* ne peut pas être assujettie, par exemple, à une visite générale ou complète, à *tous* les voyages, c'est déjà de la réglementation, dont ce n'est pas ici la place.

La Chambre de Commerce demande donc le rétablissement pur et simple de l'article 225 actuel.

S'il est trouvé nécessaire, pourtant, de faire mention de la machine, ne pourrait-on pas mettre, sans inconvénient du moins :

« De faire visiter son navire, et la machine, s'il est à vapeur, aux termes et dans la
« forme, etc., etc. »

ARTICLE 236.

Le capitaine est tenu d'avoir à bord l'acte de francisation, le rôle d'équipage, les connaissements, les chartes-parties, et les procès-verbaux de visite.

Admis.

ARTICLE 237.

Le capitaine est tenu d'être, en personne, à bord de son navire à l'entrée et à la sortie des ports, havres ou rivières.

Admis.

ARTICLE 238.

En cas de contravention aux obligations imposées par les quatre articles précédents, le capitaine est responsable de tous les événements envers les intéressés au navire et au chargement.

Admis.

ARTICLE 239.

Le capitaine répond également de tout le dommage qui peut arriver aux marchandises qu'il aurait chargées sur le tillac de son bâtiment sans le consentement écrit des chargeurs.

Admis.

ARTICLE 240.

La responsabilité du capitaine ne cesse que par la preuve d'obstacle de force majeure.

Admis.

ARTICLE 241.

Lorsque les propriétaires ou leurs fondés de pouvoirs sont sur les lieux, le capitaine ne peut, sans leur autorisation, faire travailler aux réparations du bâtiment, acheter des voiles, cordages et autres objets pour le bâtiment, ni fréter le navire.

Admis.

ARTICLE 242.

Si le bâtiment est frété du consentement des propriétaires et que quelques-uns fassent refus de contribuer aux frais nécessaires pour l'expédition, le capitaine peut, en ce cas, vingt-quatre heures après sommation faite aux refusants de fournir leur contingent, emprunter hypothécairement sur leur part dans le navire, avec l'autorisation du juge.

Admis.

ARTICLE 243.

Si, pendant le cours du voyage, il y a nécessité de pourvoir à des réparations, achats de victuailles ou autres besoins pressants du navire, le capitaine peut, sur une requête motivée, en se faisant autoriser en France par le tribunal de commerce ou, à défaut, par le juge de paix, à l'étranger, par le consul, le vice-consul ou par l'agent consulaire spécialement autorisé par le ministre des affaires étrangères ou, à défaut, par le magistrat du lieu, emprunter sur corps et quille du navire ou sur chargement, mettre en gage ou vendre des marchandises jusqu'à concurrence de la somme que les besoins constatés exigent. Le magistrat qui a autorisé l'emprunt en fait mention sur le registre du bord.

Les propriétaires, ou le capitaine qui les représente, tiennent comptent des marchandises vendues, d'après le cours des marchandises de même nature et de même qualité dans le lieu de la déchargedu navire, à l'époque de son arrivée. L'affréteur unique ou les chargeurs divers qui sont tous d'accord peuvent s'opposer à la vente ou à la mise en gage de leurs marchandises, en les déchargeant et en payant le fret à proportion de ce que le voyage est avancé.

A défaut du consentement d'une partie des chargeurs, ceux qui veulent user de la faculté du déchargement sont tenus du fret entier sur les marchandises.

Sur cet article, la Chambre de Commerce demande la rectification au deuxième paragraphe, d'une rédaction vicieuse de l'article 234 actuel, ici textuellement reproduit.

Au lieu de « l'affréteur unique ou les chargeurs divers qui sont tous d'accord peuvent, etc.. etc.

Elle demande qu'il soit dit : « *Les propriétaires du chargement entier, ou leurs représen-* » *tants* régulièrement porteurs des *connaissements*, qui sont tous d'accord, peuvent. »

(Voir, sur la qualité des chargeurs, les observations présentées sur les articles 291 et 309.)

Si la pratique a fait justice des expressions vicieuses de la loi actuelle, le moment est venu de les rectifier, ce qui nécessite encore au dernier paragraphe un léger changement.

Ainsi, au lieu de : « *A défaut du consentement d'une partie des chargeurs, ceux qui, etc., etc.,* » il devra être dit simplement : « *A défaut du consentement de tous,* ceux qui veulent, etc., etc. »

ARTICLE 244.

Le capitaine qui a, sans nécessité, pris de l'argent sur le corps, avitaillement ou équipement du navire, emprunté sur chargement, engagé, vendu des machandises ou des victuailles, ou qui a employé dans ses comptes des avaries et des dépenses supposées est responsable et personnellement, tenu du remboursement de l'argent et du payement des objets et de tous dommages-intérêts, sans préjudice de la poursuite criminelle, s'il y a lieu.

Admis.

ARTICLE 245.

Hors le cas d'innavigabilité légalement constatée, le capitaine ne peut, à peine de nullité de la vente vendre le navire sans un pouvoir spécial des propriétaires.

Admis.

ARTICLE 246.

Tout capitaine engagé pour un voyage est tenu de l'achever, à peine de tout dommages-intérêts envers les propriétaires et les affréteurs.

Admis.

ARTICLE 247.

Le capitaine qui navigue à profit commun sur le chargement ne peut faire aucun trafic ni commerce pour son compte particulier s'il n'y a convention contraire.

Admis.

ARTICLE 248.

En cas de contravention aux dispositions mentionnées dans l'article précédent, le capitaine est privé de sa part dans le profit commun, sans préjudice de plus amples dommages-intérêts, s'il y a lieu.

Admis.

Article 249.

Le capitaine ne peut abandonner son navire pendant le voyage, pour quelque danger que ce soit, sans l'avis des officiers et principaux de l'équipage ; et, en ce cas, il est tenu de sauver avec lui l'argent, les papiers de bord et ce qu'il peut des marchandises les plus précieuses de son chargement, sous peine d'en répondre en son propre nom. Si les objets ainsi tirés du navire sont perdus par quelque cas fortuit, le capitaine en demeure déchargé.

Admis.

Article 250.

Le capitaine est tenu, dans les vingt-quatre heures de son arrivée au port de destination ou de son entrée dans un port de relâche, de faire viser son registre et son livre de loch, s'il est tenu séparément, et, en cas d'événements extraordinaires intéressant le navire, la cargaison ou l'équipage, de faire son rapport. Le rapport doit énoncer le lieu et le temps de son départ, la route qu'il a tenue, les hasards qu'il a courus, les désordres arrivés dans le navire et toutes les circonstances remarquables de son voyage.

Admis, moyennant suppression, après *livre de loch*, des mots : « *S'il est tenu* séparément. »

On se rappelle que le livre de loch est *obligatoire*, d'après la demande de la Chambre de Commerce.

Article 251.

Le visa est demandé et le rapport fait, en France, au greffe devant le président du tribunal de commerce, à défaut, au greffe devant le juge de paix du canton.

A l'étranger, ces formalités sont remplies devant l'autorité consulaire, ou, à son défaut, devant le magistrat du lieu.

Admis, sauf, toutefois, et moyennant le rétablissement, à la suite du premier paragraphe, d'une disposition d'une certaine importance de l'ancien article 243, ainsi conçu :

« Le juge de paix qui a reçu le rapport est tenu de l'envoyer, sans délai, au président du tribunal de commerce le plus voisin. »

Sa non-reproduction, en effet, semble n'avoir pu être qu'involontaire.

Article 252.

Le capitaine qui a fait naufrage et qui s'est sauvé seul ou avec une partie de son équipage, est tenu de se présenter, dans le plus bref délai, en France, devant le tribunal de commerce, ou, à défaut, devant le juge de paix du canton ; à l'étranger, devant le consul, le vice-consul ou l'agent consulaire, et, à défaut, devant le magistrat ou le représentant de l'autorité constituée, de faire viser son registre et son livre de loch, s'il est tenu séparément, de faire son rapport, de le faire vérifier par ceux de son équipage qui se sont sauvés et se trouvent avec lui, et d'en lever expédition.

Admis, moyennant encore, après *son livre de loch*. la suppression (déjà motivée) des mots : « *S'il est tenu séparément.* »

ARTICLE 253.

Pour vérifier le rapport du capitaine, l'autorité compétente reçoit l'interrogatoire des gens de l'équipage et, s'il est possible, des passagers, sans préjudice des autres preuves. Les rapports non vérifiés ne sont point admis à la décharge du capitaine et ne font point foi en jusitce, excepté dans le cas où le capitaine naufragé s'est sauvé seul dans un lieu où il a fait son rapport.
La preuve des faits contraires est réservée aux parties.

Admis.

ARTICLE 254.

Hors le cas d'urgence, le capitaine ne peut décharger aucune marchandise avant d'avoir fait le rapport exigé par l'article 250.

Une légère modification de rédaction paraît être utile ; au lieu de : « Avant d'avoir fait le rapport *exigé* par l'article 250, » il semble préférable qu'il soit dit : « Le rapport PRÉVU par l'article 250. »
L'article 250, en effet, dégage le capitaine de l'obligation, *actuellement absolue*, de faire un rapport, et ne le prescrit plus que pour les cas extraordinaires.

ARTICLES ANCIENS SUPPRIMÉS.

La Chambre de Commerce n'a pas trouvé suffisamment justifié, dans l'Exposé des motifs, la suppression proposée de l'ancien article 235, conservé dans le premier projet et sur lequel seulement elle avait elle-même demandé certaines modifications.
Si plusieurs des informations que cet article prescrit au capitaine d'envoyer à ses armateurs sont, en effet, devenues inutiles ou indifférentes, il en est, au contraire, que la rapidité actuelle des communications *postales* rend d'autant plus importantes à recevoir ; il en est, aussi, qu'il serait évidemment insuffisant de mentionner seulement *sur le livre de bord*, qui n'arrivera qu'avec le navire même. et si le navire arrive.
La Chambre de Commerce réclame donc le rétablissement d'un article renfermant les

dispositions que l'expérience a reconnues nécessaires ou utiles, et qui semble pouvoir être formulé comme suit :

« Le capitaine, avant son départ d'un port étranger ou des colonies françaises, pour revenir en France, sera tenu d'envoyer à ses propriétaires ou à leurs fondés de pouvoirs, un compte signé de lui, contenant l'état de son chargement, le prix de l'affrétement, le prix des marchandises par lui achetées, pour compte de l'armement, le compte de ses recettes et de ses dépenses l'indication des sommes par lui empruntées, les noms et demeures des prêteurs. »

Il est certain que, le plus souvent, ces dispositions n'auront à recevoir d'application que très partiellement, mais *toujours*, il est important, pour les armateurs, de recevoir, par exemple, dès que possible, et par une autre voie que par le navire même, qui peut se perdre, l'état des recettes et dépenses du capitaine.

Cet article paraît pouvoir être placé convenablement entre les articles 245 et 246 nouveaux.

Quant au report au titre V des dispositions de l'ancien article 231, et à la suppression entière de l'ancien article 249, la Chambre de Commerce y donne son entier assentiment.

TITRE V.

DE L'ENGAGEMENT ET DES LOYERS DES MATELOTS
ET GENS DE L'ÉQUIPAGE.

ARTICLE 255.

Les conditions d'engagement du capitaine et des hommes d'équipage d'un navire sont constatées par le rôle d'équipage ou par les conventions des parties.

Admis.

ARTICLE 256.

capitaine et les gens de l'équipage ne peuvent, sous aucun prétexte, charger dans le navire aucune marchandise pour leur compte, sans la permission des propriétaires et sans en payer le fret s'ils n'y sont autorisés par l'engagement.

Admis.

Article 257.

Si, avant le départ du navire, le voyage est rompu par le fait des propriétaires, capitaines ou affréteurs, les matelots loués au mois ou au voyage sont payés des journées par eux employées à l'équipement du navire ; ils retiennent pour indemnité les avances reçues.

Si les avances ne sont pas encore payées, les matelots engagés au mois reçoivent pour indemnité un mois de leurs gages convenus ; les matelots engagés au voyage, une somme correspondante à un mois de gages, d'après la durée présumée du voyage, à moins que cette durée présumée ne dépasse pas un mois, auquel cas ils sont payés en entier.

Si la rupture arrive après le voyage commencé, les matelots loués au voyage sont payés en entier, aux termes de leur convention.

Les matelots loués au mois reçoivent, outre leurs salaires échus, une indemnité d'un mois de gages, si la rupture a lieu dans un port de France ; de deux mois, si la rupture a lieu dans un port européen hors de France, ou dans un port de la Méditerranée ou des mers Noire ou d'Azof ; de quatre mois, si la rupture a lieu dans tout autre port hors d'Europe.

Les matelots engagés au mois ou au voyage sont, en outre, rapatriés jusqu'au port d'armement aux frais du navire, à moins que le capitaine ne préfère leur accorder une indemnité équivalente.

Paragraphe 1, 2, 3. — Admis.

Paragraphe 4. La Chambre de Commerce demanderait *trois mois* au lieu de *quatre mois* ; si la rupture a lieu dans tout autre port, hors d'Europe.

Paragraphe 5. *A moins que le capitaine.* — paraît défectueux.

Il conviendrait de dire : à moins que le capitaine ou l'autorité française ne leur procure un embarquement agréé par eux, pour un port de France.

La Chambre réserve dans son entier la question de rapatriement.

Article 258.

S'il y a interdiction de commerce avec le lieu de la destination du navire, ou si le navire est arrêté par ordre du Gouvernement avant le voyage commencé, il n'est dû aux matelots que les journées employées à équiper le bâtiment.

Interversion de rédaction. Dire : *Si avant le voyage commencé.*

Article 259.

Si l'interdiction du commerce ou l'arrêt du navire arrive pendant le cours du voyage, dans le cas d'interdiction, les matelots sont payés à proportion du temps qu'ils ont servi ; dans le cas de l'arrêt, le loyer des matelots engagés au mois court pour moitié pendant le temps de l'arrêt ; le loyer des matelots engagés au voyage est payé aux termes de leur engagement.

Néanmoins, si des indemnités sont accordées à l'armement par suite de l'interdiction ou de l'arrêt, il n'est fait aucune réduction aux matelots engagés au mois, et ceux engagés au voyage reçoivent

4

une augmentation proportionnelle au temps de l'arrêt, sans, toutefois, que l'indemnité accordée aux matelots puisse excéder la moitié de l'indemnité accordée à l'armateur.

Paragraphe 2. Sans, toutefois, que l'indemnité accordée aux matelots puisse excéder la *moitié* de l'indemnité accordée à l'armateur.

Dire : LE TIERS.

La moitié dans l'indemnité est, en tout cas, une proportion trop forte, attendu que chacun doit être indemnisé en raison des dommages éprouvés. — Or, le préjudice subi par l'armateur pendant l'arrêt, est incontestablement plus important pour lui que celui éprouvé par l'équipage. Il est difficile de chiffrer les dommages qu'aura à subir l'armateur; ils sont nombreux : le voyage de retour se trouvera compromis; il aura à payer des assurances supplémentaires; il perdra les intérêts sur son capital et la dépréciation du navire sur le temps perdu, etc.; toutes choses qui, réunies, forment une somme beaucoup plus importante que le montant des gages, seul préjudice qu'éprouvera l'équipage. Il n'est donc que juste de fixer le maximum de l'indemnité au tiers.

ARTICLE 260.

Si le voyage est prolongé, le prix des loyers des matelots engagés au voyage est augmenté à proportion de la prolongation.

Admis en principe, mais à la condition qu'il ne s'agit pas de prolongation provenant des incidents de fortune de mer. Le matelot étant engagé à forfait, n'a plus droit à une augmentation, si le voyage est plus long qu'on ne pouvait le présumer, que l'armateur n'aurait le droit de lui faire subir une diminution si le voyage avait été plus court qu'on ne devait le croire. (Locré tome III, page 162.)

La prolongation édictée est donc celle qui, conduisant le navire plus loin que le lieu indiqué dans l'engagement, ajoute, en quelque sorte, un nouveau voyage à celui qui a été convenu.

L'armateur ne peut être exposé à ce que les matelots engagés *au voyage* refusent leur service en route.

Nous proposons de dire :

« Si le voyage est prolongé par la volonté de l'armateur ou du capitaine, le prix du
» loyer des matelots engagés est augmenté à proportion de la prolongation. »

ARTICLE 261.

Si la décharge du navire se fait volontairement dans un lieu plus rapproché que celui qui est désigné par l'affrétement, il ne leur est fait aucune diminution.

Admis.

ARTICLE 262.

Si les matelots sont engagés au profit ou au fret, il ne leur est dû ni dedommagement ni journées pour la rupture, le retardement ou la prolongation du voyage occasionnés par force majeure. Si la rupture, le retardement ou la prolongation, arrivent par le fait des chargeurs, les gens de l'équipage ont part aux indemnités qui sont adjugées au navire. Ces indemnités sont partagées entre les propriétaires du navire et les gens de l'équipage, dans la même proportion que l'aurait été le fret. Si l'empêchement arrive par le fait du capitaine ou des propriétaires, ils sont tenus des indemnités dues aux gens de l'équipage.

Admis.

ARTICLE 263.

En cas de prise, naufrage ou déclaration d'innavigabilité, les matelots engagés au mois ou au voyage sont payés de leurs salaires jusqu'au jour de la cessation de leurs services, et ont droit, en outre, au rapatriement, aux frais du navire, jusqu'au port où ils ont été engagés, ou, au choix du capitaine, à une indemnité équivalente, à moins qu'il ne soit prouvé qu'ils n'ont pas fait tout ce qui était en leur pouvoir pour sauver le bâtiment.

Dans ce dernier cas, il appartient aux tribunaux de statuer sur la réduction de salaires qu'ils ont encourue.

Les avances reçues ne sont pas remboursées.

Cet article reprend les articles 258 et 259 du texte actuel et a pour objet un changement capital qui aurait pour effet d'imposer de nouvelles charges à la navigation.

Cet article n'est pas d'accord dans tous ses termes avec l'article 225 nouveau, dont nous demandons d'ailleurs la modification. En effet, par le texte même de l'article 225, l'armateur peut s'affranchir des obligations prises par le capitaine, à l'exception des loyers et gages de l'équipage, en faisant abandon du navire et du fret. Il s'en suit que, sauf les loyers et gages de l'équipage, sur lesquels nous avons, du reste, déjà fait des réserves (article 225), l'armateur se trouve, cet abandon fait, libéré de toutes choses. Contrairement à ce qui précède, l'article 263, met en cas de prise, naufrage ou déclaration d'innavigabilité, le rapatriement à la charge de l'armateur. Ainsi, en cas de guerre, fait certainement bien indépendant de la volonté de l'armateur, celui-ci se trouvant privé de son navire et de son fret, ayant tout perdu, devra, non-seulement les salaires, mais encore le rapatriement de l'équipage. — Or, n'est-ce pas créer une loi souverainement injuste à l'égard de l'armateur que la guerre peut ruiner? Si cet article était adopté, la responsabilité de l'armateur serait infinie. — Il pourrait pendant plusieurs années, pendant tout le temps de la guerre, rester sous l'obligation d'avoir à rapatrier l'équipage. — Est-ce possible? non, car la loi ne peut vouloir l'accomplissement que de choses justes et raisonnables.

L'ancien article 259 disait : Si quelque partie du navire est sauvée, les matelots (au voyage ou au mois) sont payés de leurs loyers échus, sur les débris du navire qu'ils ont sauvés. Si les débris ne suffisent pas, et s'il n'y a que des marchandises sauvées, ils sont payés subsidiairement sur le fret. (Art. 259.)

C'est à ces dispositions nettes et précises, qu'il est proposé de substituer, d'une manière absolue, que les matelots, en cas de prise, bris ou naufrage, seront payés jusqu'au jour de la cessation de leurs services, à moins qu'il soit prouvé qu'ils n'ont pas fait tout ce qu'il était en leur pouvoir de faire pour sauver le bâtiment, auquel cas il appartiendra aux tribunaux de statuer sur la réduction de salaire qu'ils auront encourue.

On se borne à mettre en avant des motifs d'équité ou d'humanité, en regard des dangers et des fatigues de l'homme de mer, ainsi que des pertes, souvent de leur santé, presque inévitablement de leur trousseau maritime (le plus clair de leur avoir), qu'ils encourent dans les événements dont il s'agit.

Ces motifs, si intéressants qu'ils soient véritablement, avaient fléchi dans l'ordonnance de 1681, comme ils avaient fléchi dans les lois commerciales antérieures, devant la nécessité reconnue *d'intéresser tous les hommes de l'équipage* au salut commun, *d'identifier leur intérêt* avec celui *de la conservation du navire*.

Cette nécessité, les illustres rédacteurs du Code de Commerce l'ont reconnue également en en réduisant en même temps l'application (la jurisprudence est actuellement fixée à cet égard) à la *traversée* même dans laquelle le navire a péri. — Valin, sur l'ordonnance de 1681, disait : « Si le navire a fait heureusement la première traversée et qu'il ne périsse » que dans le retour, les loyers sont dus pour l'aller parce qu'ils sont gagnés. » Locré (Esprit du Code de Commerce, tome III, page 167) ajoute : « Réduite à ces limites, la dispo- » sition est très sage. — Si les matelots étaient certains de leurs loyers, quel que fût le sort » du bâtiment et des marchandises, ils songeraient plus à leur propre sûreté qu'à celle des » choses qui leur sont confiées. »

C'est ainsi encore, qu'au cas de sauvetage, et après le payement des frais de sauvetage même, il a été accordé que leur privilège, sur le fret des marchandises qui sont recouvrées, s'exerce sans distinguer si ce fret a été ou non, payé d'avance et déclaré acquis ; une pareille convention, dit Valin, ne pouvait pas préjudicier à l'équipage.

La question ainsi élucidée, on peut demander encore quelle est la pratique à l'étranger.

A cet égard, la législation en Hollande, en Espagne, en Portugal, en Russie, est la même que la nôtre. Il en est de même aux *États-Unis*, d'après les textes relatés dans — la concordance entre les codes étrangers et français. (A. de Saint-Joseph, 1844, page 212.)

En Angleterre, à la vérité, le *droit* au salaire est complètement indépendant de la réalisation du fret, et, en cas de perte du navire, le matelot ne perd ce droit que s'il n'a pas fait de *son mieux* pour sauver le navire ; mais, à côté de cette concession, on trouve que, si son service est interrompu par suite de maladie, il n'a droit à son salaire que pour le temps de son service ; que son salaire ne court pas non plus pendant le temps qu'il refuse de travailler, ou qu'il est en prison ; et beaucoup d'autres dispositions, dans les lois et règlements sur cette importante matière, font BEAUCOUP PLUS que compenser, en faveur des armements anglais, cette différence.

Dans cet état de choses, la Chambre, en écartant l'article proposé, croit devoir demander le maintien des articles 258-259.

Article 264.

Les matelots engagés au fret sont payés de leurs loyers seulement sur le fret, à proportion de celui que reçoit le capitaine.

Admis.

Article 265.

De quelque manière que les matelots soient loués, ils sont payés des journées par eux employées à sauver les débris et les effets naufragés.

Admis.

Article 266.

Le matelot est payé de ses loyers, traité, pansé et rapatrié aux frais du navire, s'il tombe malade ou s'il est blessé pendant la durée de son engagement, à moins qu'il ne soit prouvé que la maladie ou la blessure a été occasionnée par sa faute.

Le matelot est également payé de ses loyers, traité, pansé et rapatrié aux dépens du navire et du chargement, s'il est blessé en accomplissant un service commandé dans l'intérêt du navire et du chargement.

Dans ces deux cas, si le matelot a été laissé à terre, il a droit, en outre, au payement de ses salaires jusqu'à son rétablissement, sans, toutefois, que la période durant laquelle ses gages lui sont alloués puisse dépasser quatre mois, à dater de son débarquement.

Si l'on fait droit à nos observations sur l'article 276, les mots : *Rapatrié aux frais du navire* devront disparaître des paragraphes 1 et 2.

En dehors des frais de rapatriement, l'article ci-dessus impose à notre marine marchande de lourdes charges ; ainsi, si un navire va prendre du charbon en Angleterre pour le porter dans l'Inde ou dans l'Océan Pacifique ; que le second capitaine, par exemple, par maladie plus ou moins réelle, se fasse débarquer à Cardiff, le capitaine aura tout d'abord à pourvoir à son remplacement ; qu'un pareil remplacement soit nécessaire, dans l'Inde ou dans l'Océan Pacifique, le navire aura à payer, au désarmement, les salaires à la fois des *trois seconds*, depuis le jour de leur inscription, plus les frais de maladie et de rapatriement des deux premiers. La même chose se présente, beaucoup plus souvent encore, pour les simples matelots, dans les voyages de longue durée et à escales diverses. C'est ainsi que des armements ont fréquemment à payer des sommes considérables, 8, 10, 12 mille francs et au delà, pour des services *qui n'ont jamais été rendus*. Tandis que souvent, ces mêmes hommes, débarqués au début, ou en cours de voyage, et rentrés promptement en France, sont restés dans nos ports, tantôt s'employant *à terre*, souvent y passant leur temps sans rien faire, et ne se présentant que pour toucher au moment du décompte, ce qui leur est *dû légalement*.

Les exemples de ces faits abondent, et de telle notoriété qu'il est inutile de citer des noms.

En Angleterre, on l'a déjà vu, le marin n'a droit aux salaires que pour le temps de ses services : s'il tombe malade ou est blessé à bord, en pays étranger, le médecin désigné par le consul, à la demande du capitaine, estime le temps nécessaire pour la guérison; le capitaine, en partant, dépose la somme fixée pour le temps présumé; le consul paye, et se charge du rapatriement, s'il y a lieu; s'il y a insuffisance, le tout est supporté par le gouvernement. Si la maladie est chronique, ou suspecte, le marin est débarqué et rapatrié aux frais de l'Etat.

Si le matelot américain, en cours de voyage, ne peut suivre le navire, le capitaine n'est tenu que de déposer aux mains du consul le montant de trois mois de ses gages, pour toute ndemnité; si le malade, ou blessé, est rétabli avant l'expiration de ce délai, le consul lui délivre le montant de deux mois, déduction faite toutefois des frais de traitement, et le congédie; le surplus reste au gouvernement, pour augmenter *un fonds commun des malades*; le matelot guéri, se rapatrie comme il l'entend; s'il est dans le besoin, il est rapatrié par le consul aux frais de l'Etat.

En Espagne, les loyers sont dus pendant la durée de la maladie, sauf cause répréhensible : mais, dans tous les cas, le marin est tenu de rembourser, sur ses salaires et au besoin *sur ses biens*, les frais de traitement dont le navire a fait l'avance.

Le temps n'est-il donc pas venu de reconnaître que dans de telles conditions comparatives (n'y eût-il pas encore d'autres différences à notre détriment, dont ce n'est pas ici le moment de nous occuper), une lutte *n'est pas possible* : que l'Inscription maritime étant une nécessité *d'Etat* il n'est que *juste* que l'Etat supporte les inconvénients et la plus grande part, au moins, des charges de cette nécessité? Qu'une étude, enfin, sérieuse et approfondie, trace nettement la séparation entre ce qui est réellement dû par le commerce, pour la rémunération équitable des services rendus, et les frais et charges résultant des cas fortuits, des événements et fortunes de mer, qui ne doivent pas plus retomber sur le navire et l'armement, que les charges analogues ne retombent sur les entrepreneurs *de travaux sur terre?* Disons plus : Si une différence est à faire entre des situations qui se ressemblent sur bien des points, n'est-ce pas encore en faveur du navire et de l'armement que la balance devra pencher, à raison même de la nature *exceptionnelle* de l'entreprise maritime.

Concilier ce que prescrivent en faveur des matelots l'humanité et la justice, avec les justes ménagements aussi, dont n'ont pas moins besoin les intérêts des propriétaires de navires (*intérêts qui ne peuvent pas être séparés de l'intérêt même de la navigation,* ainsi que le disait M. Begouen, conseiller d'Etat, dans la discussion de 1807), telle est la réforme, aujourd'hui indispensable, que demande la Chambre de Commerce : elle a la confiance que cet appel sera entendu de M. le ministre du commerce, et qu'il voudra bien ordonner les études nécessaires, pour qu'il y soit fait droit dans la révision qui nous occupe.

ARTICLE 267.

Si la blessure ou la maladie a été occasionnée par la faute du matelot, ou si, sorti du navire sans autorisation, il est blessé à terre, les frais de ses pansement et traitement sont à sa charge; il peut, de plus, être congédié par le capitaine : ses loyers, en ce cas, ne lui sont payés qu'à proportion du temps qu'il a servi.

La Chambre demande qu'il soit modifié comme suit : — En ce cas, il n'a droit qu'à ses loyers, lesquels lui sont payés en proportion du temps qu'il a servi.

ARTICLE 258.

Le capitaine peut toujours congédier le matelot avant le terme de l'engagement, sans avoir à prouver contre lui aucun fait répréhensible, à charge d'indemnité.

Si le congé a lieu dans le port de l'engagement et avant le départ du navire, l'indemnité est d'un mois de gages. Si le congé a lieu dans un port de France autre que celui de l'engagement, l'indemnité est d'un mois de gages en sus des avances. Si le congé a lieu dans un port européen, hors de France, ou dans un port de la Méditerranée, ou des mers Noire ou d'Azof, l'indemnité est de deux mois de gages. Si le congé a lieu dans tout autre port hors d'Europe, l'indemnité est de quatre mois de gages.

Le matelot congédié a droit, en outre, à la conduite de retour jusqu'au port où il a été engagé, ou au choix du capitaine, à une indemnité équivalente.

Si le matelot congédié est engagé au fret ou au voyage, l'indemnité est déterminée par les tribunaux, à défaut d'arrangement amiable.

Paragraphe 2. Si le congé a lieu dans tout autre port hors d'Europe, l'idemnité est de quatre mois de gages.

La Chambre demande *trois mois*, au lieu de quatre. Au deuxième alinéa, ajouter : *en cours de voyage*.

La Chambre fait remarquer que *le capitaine seul est responsable et non l'armement*.

ARTICLE 259.

S'il s'est écoulé plus de deux ans depuis l'entrée au service, sans que le voyage de retour en Europe ait été commencé ou ordonné, tout matelot, à défaut de conventions contraires , peut demander son congé, en réclamant seulement ses loyers échus, plus la conduite de retour jusqu'au port où il a été engagé, ou, au choix du capitaine, une indemnité équivalente.

Le matelot ne peut pas demander son congé dans un port d'escale ni de relâche, mais seulement dans un port de destination et tout autant que le voyage de retour en Europe n'aurait pas été ordonné.

L'engagement pour un temps indéterminé ou sous la clause générale que le service continuera pour tous les voyages à entreprendre n'est pas réputé convention contraire, à moins qu'il ne soit expressément stipulé que le service pourra continuer plus de deux ans.

La Chambre repousse absolument cet article.

Le droit, à se retirer, donné au matelot, en cours de voyage, quand le capitaine *ne l'a pas*, ne semble pouvoir être qu'une source de désorganisation et de désordre, même avec les tempéraments dont on essaye de l'entourer, et rendre souvent les longues navigations impossibles aux armateurs.

Dans le cas où il ne serait pas fait droit à cette réclamation, le paragraphe 1 devrait subir la modification suivante. Au lieu de dire : *En réclamant seulement les loyers échus*, il faudrait dire : « *En réclamant le décompte de ses loyers échus* », *lesquels ne peuvent être payés qu'en France.*

Au paragraphe **2**. Le mot ordonné devrait être remplacé par *arrêté* ou *décidé*.

On ne voit pas trop comment et par qui le voyage de retour en Europe pourrait être *ordonné.*

ARTICLE 270.

En cas de mort d'un matelot pendant le voyage, si le matelot est engagé au mois, ses loyers sont dus à sa succession jusqu'au jour de son décès. Si le matelot est engagé au voyage, la moitié de ses loyers est due s'il meurt en allant au port d'arrivée ; le total de ses loyers est dû, s'il meurt en revenant. Si le matelot est engagé au profit ou au fret, sa part entière est due s'il meurt, le voyage commencé. Les loyers du matelot tué en défendant le navire sont dus en entier pour tout son voyage si le navire arrive à bon port.

Ancien 265. — Admis.

Il serait important d'ajouter : *En aucun cas les avances payées au départ ne donneront lieu à répétition.*

ARTICLE 271.

Le matelot pris dans le navire et fait prisonnier est payé de ses loyers jusqu'au jour où il est pris.

S'il est pris lorsqu'il a été envoyé à terre ou en mer pour le service du navire, il a droit à l'entier payement de ses loyers jusqu'au jour de la cessation des services de l'équipage.

Admis.

ARTICLE 272.

Tout matelot qui justifie qu'il est congédié sans cause valable a droit à une indemnité.

L'indemnité est réglée conformément aux dispositions de l'article 268.

Le capitaine ne peut, dans ce cas, répéter le montant de l'indemnité contre les propriétaires du navire.

Admis.

ARTICLE 273.

Le navire et les frets acquis pendant la durée de l'engagement de l'équipage sont affectés, par privilége, aux loyers des matelots.

Dans le cas de perte du navire, et lorsque les frets acquis auront été encaissés en cours de voyage, les gages et loyers des matelots, depuis le dernier rôle d'équipage, seront privilégiés sur la généralité des meubles, au même rang que les salaires des gens de service, et jusqu'à concurrence des frets encaissés.

Admis.

ARTICLE 274.

Les salaires des marins sont incessibles et insaisissables, excepté pour les avances faites par l'Etat ou pour aliments dans les circonstances prévues par les articles 203, 205 et 214 du Code Napoléon.

A dater de l'inscription du capitaine et des gens de l'équipage au rôle d'équipage, leurs effets d'habillement et les instruments nécessaires à l'exercice de leur profession ne peuvent être ni saisis ni retenus par leurs créanciers.

Admis.

ARTICLE 275.

Toutes les dispositions concernant les loyers, pansement et rapatriement des matelots sont communes aux officiers et à tous autres gens de l'équipage.

Le mot *rapatriement* substitué au mot *rachat*, ancien texte, sans que la note explicative le signale, devra disparaître, si l'on fait droit à nos observations sur l'article 276.

ARTICLE 276.

Toutes les dispositions relatives aux salaires, au rapatriement et à la conduite sont d'ordre public.

Au sujet des charges *des frais de maladie et de traitement*, de *congédiement* et de *rapatriement*, les délégués de Marseille, de Nantes, du Havre, et de Paris même, comme ceux des ports secondaires de Granville, Caen et Abbeville, ont réclamé unanimement de profondes réformes. C'est avec regret que la Chambre n'a trouvé dans les modifications proposées, ni dans les motifs à l'appui, aucune tentative de satisfaction aux besoins signalés, aucune allusion même à des réclamations souvent formulées et réitérées.

Si on envisage l'intérêt de l'armateur et celui de l'Etat, dans la question du *rapatriement*, on reconnaît de suite que l'intérêt de l'armateur est nul, tandis que l'Etat a le plus grand intérêt au rapatriement.

La situation qui serait faite à l'armateur français serait des plus lourdes. — La loi l'oblige déjà à ne pouvoir engager qu'une faible partie de son équipage, en marins étrangers (le quart, les officiers exceptés).... C'est par raison d'Etat qu'il en est ainsi ; nous ne nous élevons pas contre elle, mais au moins que l'Etat continue à reconnaître qu'il se trouve tenu de faire quelque chose pour le marin français, et qu'on n'impose pas à l'armateur le rapatriement, comme chose d'ordre public.

Pourquoi vouloir encore que les frais *de conduite* soient d'ordre public ?.... Pourquoi ne pas accorder au marin la faible faculté de pouvoir traiter avec l'armateur, pour que le congédiement puisse se faire, soit au port d'embarquement, soit dans tout port de France où le navire pourrait opérer son retour ?

Le législateur va trop loin, croyons-nous, dans la protection que l'Etat doit accorder au marin, en ne permettant même pas, qu'il puisse convenir avec l'armateur du lieu où il pourrait être congédié.

5

Les rédacteurs de l'article nouveau ont perdu de vue les plaintes et les réclamations des armateurs, qui se sont produites au sujet de l'application de l'article 11 du décret impérial du 7 avril 1860, donnant aux gens de mer le droit à une indemnité de route, pour se rendre dans leurs quartiers, s'ils ne sont pas ramenés dans le port d'armement du navire, à bord duquel ils étaient embarqués. Il est intervenu une décision ministérielle, en date du 22 mars 1862, faisant droit aux réclamations des armateurs, en établissant qu'à l'avenir : « *à défaut de stipulations spéciales* dans les engagements, relativement » aux frais de route pour se rendre dans leurs quartiers, les gens de mer, naviguant » pour le commerce, continueront à recevoir les indemnités qui leur sont allouées, » conformément au décret du 7 avril 1860. »

En conséquence, pour profiter de cette décision, on fait inscrire depuis lors, sur les rôles, la condition suivante :

« L'équipage renonce à la conduite dans le cas où le navire opérerait son retour dans » un autre port de France que celui de l'armement. »

Si, donc, l'article proposé était adopté, la clause ci-dessus ne pourrait plus exister, et ce que le législateur de 1862 a permis, avec la protection des surtaxes, serait défendu au moment de l'assimilation.

Et cependant, plus que jamais, l'armateur français, ayant à subir la concurrence du pavillon étranger, devrait pouvoir convenir avec le marin de le congédier au retour, dans un port de France indéterminé, car l'armateur se trouvera presque toujours, pour le retour, dans la nécessité d'affréter le navire « *à ordres*, » c'est-à-dire, que le lieu de la destination ou port de retour, ne sera connu de l'armateur qu'au moment où le navire touchera au point où le propriétaire de la cargaison devra donner des ordres pour désigner le lieu de déchargement. Que, par exemple, un navire parti du Havre, chargé à l'étranger avec l'obligation de toucher à « ordres », à *Cadix*, le propriétaire du chargement ayant la faculté de le diriger sur un des ports de la Méditerranée, de l'Océan ou de la Manche, et qu'il soit dirigé sur Marseille où le voyage se terminera ; il faudra donc que l'armateur du navire expédié du Havre, se trouve absolument obligé de payer la conduite de l'équipage dans le quartier d'inscription de chaque marin. Cette obligation, à laquelle ne pourra plus se soustraire l'armateur français, ne sera-t-elle pas une cause d'infériorité à l'égard des navires étrangers non soumis à une pareille loi ?

Nous demandons la suppression de l'article 276.

TITRE VI.

DE L'AFFRÉTEMENT, DU FRET ET CONNAISSEMENT.

(Composé de la réunion des titres VI, VII et VIII)

CHAPITRE PREMIER.

DE L'AFFRÉTEMENT.

ARTICLE 277.

Le contrat d'affrétement se constate par les moyens de preuve énoncés en l'article 109. Les conditions qui ne sont pas déterminées par la convention sont réglées suivant l'usage des lieux.

Admis.

ARTICLE 278.

Si le navire est frété à temps, le fret court, à moins de convention contraire, du jour du départ du navire.

Admis.

ARTICLE 279.

Si, avant le départ du navire, il survient une force majeure provenant du fait d'une puissance qui empêche le voyage pour lequel le navire a été frété, les conventions sont résolues sans dommages-intérêts de part et d'autre. Le chargeur est tenu des frais de la charge et de la décharge des marchandises.

Admis.

ARTICLE 280.

Si le fait d'une puissance n'empêche que pour un temps la sortie du navire, les conventions subsistent, et il n'y a pas lieu à dommages-intérêts à raison du retard.

Admis.

Article 281.

Si, après le départ du navire, il arrive une force majeure de la nature ci-dessus spécifiée qui arrête pour un temps le cours de son voyage, il n'est dû aucun fret pour le temps de l'arrêt si le navire est loué au mois, ni augmentation de fret s'il est loué au voyage. La nourriture et les loyers de l'équipage, pendant l'arrêt, sont réputés avaries communes.

Admis.

Article 282.

Le chargeur peut, pendant l'arrêt, faire décharger ses marchandises à ses frais, à condition de les recharger ou d'indemniser le capitaine.

Le chargeur *peut...* Locution vicieuse du Code actuel et qui doit disparaître. Il faut dire : *Le porteur régulier du connaissement......,* ou indemniser le capitaine. — Ajouter: *conformément* à l'article 291.

Article 283.

Si la force majeure survenant après le départ du navire l'empêche de se rendre à sa destination, et que le navire soit obligé de revenir avec son chargement, il ne'st dû que le fret de l'aller, quoique le navire soit affrété pour l'aller et le retour.

Admis.

Article 284.

Dans le cas de blocus du port pour lequel le navire est destiné, ou d'une autre force majeure qui l'empêche d'entrer dans ce port, le capitaine est tenu, s'il n'a pas reçu d'ordres, ou si les ordres qu'il a reçus ne peuvent être mis à exécution, d'agir au mieux des intérêts du chargeur, soit en se rendant dans un port voisin, soit en revenant au port de départ.

Admis.

Article 285.

L'affrétement d'un navire en entier ne comprend pas la cabine et les autres lieux réservés à l'équipage ; mais il ne peut être chargé, ni dans la cabine ni dans les autres lieux réservés à l'équipage, de marchandises par le capitaine sans le consentement de l'affréteur.

A modifier ainsi : « L'affrétement du navire en entier ne comprend pas la chambre, le logement de l'équipage, la place des vivres et des rechanges; mais *il ne peut être chargé de marchandises dans les lieux réservés, sans le consentement de l'affréteur.*

Article 286.

Le navire, les agrès et apparaux, le fret et les marchandises chargées, sont respectivement affectés à l'exécution des conventions des parties.

Admis.

CHAPITRE II.

DU FRET.

Article 287.

Le fret est réglé par la convention des parties; il est constaté par la charte-partie ou par le connaissement, ou par les autres moyens de preuves énoncés en l'article 109.

Admis.

Article 288.

L'affréteur qui n'a pas chargé la quantité de marchandises portée par la charte-partie est tenu de payer le fret en entier et pour le chargement complet auquel il s'est engagé.

S'il en charge davantage, il paye le fret de l'excédant sur le prix réglé par la charte-partie.

Si cependant l'affréteur, sans avoir rien chargé, rompt le voyage avant le départ, il payera en indemnité au capitaine la moitié du fret convenu pour la totalité du chargement qu'il devait faire.

Si le navire a reçu une partie de son chargement, le fret entier sera dû au capitaine, alors même qu'avant son départ le capitaine aurait trouvé à le compléter.

La Chambre pense que cet article doit être réformé.

Il conviendrait de rétablir l'article 287 du premier projet.

« Si le navire est loué en totalité, le capitaine ne peut prendre des marchandises sans le consentement de l'affréteur, même dans la cabine et autres lieux réservés à l'équipage, encore bien que l'affréteur n'ait pas donné toute sa charge au navire.

» L'affréteur profite du fret des marchandises indûment chargées par le capitaine, sans préjudice, s'il y a lieu, de tels dommages-intérêts qu'il appartiendra. »

Il faut pour charger dans le vide l'assentiment de l'affréteur, qui autrement, serait exposé à voir ruiner son opération.

La Chambre demanderait le rétablissement des deux articles 289 et 290 du texte ancien.

Art. 289 : Le capitaine qui a déclaré le navire d'un plus grand port qu'il n'est, est tenu de dommages-intérêts envers l'affréteur.

Art. 290 : N'est réputé y avoir erreur en la déclaration du tonnage d'un navire, si l'erreur n'excède pas un quarantième, ou si la déclaration est conforme au certificat de jauge.

ARTICLE 289.

Si le navire est chargé à cueillette, soit au quintal, au tonneau ou à forfait, le chargeur peut retirer ses marchandises avant le départ du navire, en payant le demi-fret. Il supportera les frais de charge, ainsi que ceux de décharge et de rechargement des autres marchandises qu'il faudrait déplacer, et ceux du retardement.

Il conviendrait de supprimer les mots :

Au quintal, au tonneau ou à forfait.

Dire : « *Le chargeur peut, en donnant caution suffisante , retirer ses marchandises du navire,* etc. »

Terminer l'article par ces mots : « Et ceux du retardement *pour le navire comme pour la cargaison.* »

ARTICLE 290.

Le capitaine peut faire mettre à terre dans le lieu du chargement les marchandises trouvées dans son navire, si elles ne lui ont point été déclarées, ou en prendre le fret au plus haut prix qui sera payé dans le même lieu pour les marchandises de même nature.

La Chambre repousse cet article et demande le rétablissement de l'article 292 du premier projet :

« Le capitaine peut faire mettre à terre , dans le lieu du chargement seulement, les marchandises trouvées dans son navire , si elles ne lui ont pas été déclarées. La mise à terre est aux frais du chargeur , sans préjudice de plus amples dommages-intérêts.

» Si les marchandises non déclarées sont transportées à destination, le capitaine aura droit à un fret double de celui qui lui sera dû pour les marchandises de même nature qui lui auront été déclarées. »

Toutefois, le deuxième paragraphe paraît insuffisant.

Il est juste, en effet, que la fraude, reconnue à destination, soit punie par *le double fret,* dans tous les cas ; mais si la présence des marchandises mises à bord à l'insu du capitaine occasionne au navire des frais , amendes, etc., évidemment les marchandises mêmes, et le chargeur, en outre, doivent répondre de ces conséquences.

Peut-être, pour satisfaire aux prévisions des deux paragraphes, suffirait-il de clore le premier après les mots : « *aux frais du chargeur,* » puis de terminer le deuxième paragraphe comme suit : Après *auront été déclarés* — *sans préjudice, dans l'un ou dans l'autre cas, sil y a lieu , 'de plus amples dommages-intérêts ?*

Article 291.

Le chargeur qui retire ses marchandises pendant le voyage est tenu de payer le fret en entier et tous les frais de déplacement occasionnés par le déchargement. Si les marchandises sont retirées pour cause des faits ou des fautes du capitaine, celui-ci est responsable de tous les frais.

La Chambre fait de nouveau remarquer qu'en cours de voyage il n'y a plus de chargeur. Le chargeur d'une marchandise, du moment où il n'a plus en sa possession tous les exemplaires des connaissements signés par le capitaine, n'a plus aucun droit sur la marchandise. Il convient de dire : le porteur régulier du connaissement.

La rédaction de l'article 293 du premier projet, sous le mérite de l'observation ci-dessus, pourrait être adoptée.

Article 293. — Si le navire, après son départ, entre dans un port de relâche, le chargeur (*le porteur régulier du connaissement*) peut toujours retirer ses marchandises, en payant le fret entier et tous les frais et dommages occasionnés par le déchargement. Le capitaine est responsable de tous les frais, et peut même être passible de dommages-intérêts. si les marchandises sont retirées pour cause de ses faits ou de ses fautes.

Article 292.

Si le navire est arrêté au départ, pendant la route ou au lieu de sa décharge, par le fait de l'affréteur, les frais du retardement sont dus par l'affréteur.

Si, ayant été frété pour l'aller et le retour, le navire fait son retour sans chargement ou avec un chargement incomplet, le fret entier est dû au capitaine, ainsi que l'intérêt du retardement.

Les mots : ainsi que les indemnités du retardement — semblent inutiles et obscurs ; il conviendrait de les supprimer. Il faudrait dire : les indemnités de retardement.

Article 293.

Le capitaine est tenu de dommages-intérêts envers l'affréteur si, par son fait, le navire a été arrêté ou retardé au départ, pendant sa route ou au lieu de décharge.

Admis.

ARTICLE 294.

Si le capitaine est contraint de faire réparer le navire pendant le voyage, l'affréteur est tenu d'attendre ou de payer le fret entier.

Dans le cas où le navire ne pourrait être réparé, le capitaine est tenu d'en louer un autre.

Si le navire n'est pas susceptible d'être réparé et que le capitaine n'ait pu en louer un autre, le fret est réglé ainsi qu'il est dit en l'article 298.

Admis.

ARTICLE 295.

Le capitaine perd son fret et répond des dommages-intérêts de l'affréteur, si celui-ci prouve que, lorsque le navire est parti, il n'était pas en bon état de navigabilité.

La preuve est admissible nonobstant et contre le certificat de visite au départ.

Admis.

ARTICLE 296.

Le fret est dû pour les marchandises que le capitaine a été contraint de vendre ou d'engager pour subvenir aux victuailles, réparations et autres nécessités pressantes du navire, si le navire arrive ensuite à bon port.

Dans ce cas, le capitaine doit tenir compte des marchandises vendues ou mises en gage, suivant la valeur au lieu de la décharge des marchandises similaires,

Sauf le droit réservé aux propriétaires du navire par l'article 243.

Lorsque de l'exercice de ce droit résultera une perte pour ceux dont les marchandise auront été vendues ou mises en gage, elle sera répartie au marc le franc sur la valeur de ces marchandises et de toutes celles qui sont arrivées à leur destination ou qui ont été sauvées du naufrage postérieurement aux événements de mer qui ont nécessité la vente ou la mise en gage.

Ancien 298.

La Chambre pense que la modification apportée est mauvaise et demanderait le rétablissement de cet article. Au paragraphe 1er de la nouvelle rédaction, l'addition des mots : *ou d'engager*, ne parait pas fondée ; il ne s'agit pas ici d'autoriser à vendre ou à engager : il s'agit, seulement, de régler les effets de *ce qui a été fait*, et ces effets sont très différents, suivant l'un ou l'autre cas.

En effet, si le navire arrive à bon port avec la marchandise, que celle-ci ait été engagée ou non, dès qu'elle arrive, elle doit son fret : le cas de non-arrivée, seul, par suite de vente au lieu de la relâche, était à prévoir, et l'addition proposée est donc à supprimer.

Quant au retranchement, proposé, des trois derniers paragraphes de l'article actuel, l'erreur serait beaucoup plus grave.

L'objet de l'article, en effet, ce que l'on parait avoir perdu de vue, est de pourvoir à toutes les conséquences de la *vente* des marchandises, pour les nécessités du navire en cours de voyage : La modification projetée le restreint *au cas où, après la vente ou l'engagement, le navire arrive à bon port.* Nous venons de démontrer que la circonstance de l'*engagement* est ici sans valeur et doit disparaître ; mais prétendre que si le navire se perd après la vente, rien n'est dû, est une erreur manifeste, dont le redressement est nécessaire.

En usant, en effet, de la faculté de vendre des marchandises, pour les besoins du navire, e capitaine a, dès lors, volontairement, contracté une dette, égale au produit de la vente, envers le propriétaire : cette dette incontestable *reconnue* au cas d'arrivée du navire, comment serait-elle éteinte, postérieurement à la vente, par la perte du navire ?

Cette créance du propriétaire de la marchandise est, en réalité, et conformément à tous les principes, la dette personnelle du capitaine et des propriétaires du navire : s'ils cessaient d'en être *tenus*, en *considération* de la perte ultérieure du navire, le propriétaire serait *dépouillé*, et sans recours contre les assureurs, puisqu'il n'aurait plus eu *d'objets en risques, à bord*, au moment du naufrage.

C'est donc, avec une parfaite justice, quant aux principes, que les dispositions des trois derniers paragraphes actuels, stipulent :

1° Que si le navire se perd, le capitaine tiendra compte des marchandises sur le prix qu'il les aura vendues, en retenant également le fret porté aux connaissements, sauf dans les deux cas (dans celui de bonne arrivée, comme dans celui de perte de navire) le droit réservé aux propriétaires du navire par l'article 216 ;

2° Enfin, que, lorsque de l'exercice de ce droit, il résultera une perte pour ceux dont les marchandises auront été vendues ou mises en gage, cette perte sera répartie au marc le franc sur la valeur de ces marchandises et de toutes celles arrivées ou sauvées postérieurement à la vente ou à la mise en gage.

Ces dispositions ont été remarquablement élucidées dans la discussion de la loi de 1841, et elles ont une telle importance, que la Chambre ne peut que se référer à cette discussion, en demandant le rétablissement des trois paragraphes actuels qui les renferment.

Une légère modification cependant, pourrait être utilement introduite dans le premier de ces trois paragraphes.

Concéder au capitaine *le fret entier*, si le navire se perd, est peut-être excessif, quand lui-même ne tient compte des marchandises que sur le pied qu'il les a vendues. En Hollande et en Portugal, il a droit au fret entier si le navire arrive à bon port ; mais seulement au fret proportionnel, si le navire se perd postérieurement à la vente.

Si cette base, (qui semble de la plus exacte justice, était admise, il suffirait de modifier le dernier membre de ce paragraphe, qui pourrait alors être terminé ainsi :

« En retenant le fret en proportion seulement de la route parcourue. »

ARTICLE 297.

Le capitaine est payé du fret des marchandises jetées à la mer pour le salut commun, à la charge de contribution.

Admis.

Article 298.

Il n'est dû aucun fret pour les marchandises qui, perdues par naufrage ou autre fortune de mer, pillées par les pirates ou prises par l'ennemi. Le fret payé d'avance sera restitué, s'il n'y a convention contraire.

Il n'est dû aucun fret pour les marchandises qui, après naufrage ou déclaration d'innavigabilité du navire, ne seront pas parvenues à destination.

Si les marchandises parviennent à destination à un fret moindre que celui qui avait été convenu avec le capitaine du navire naufragé ou déclaré innavigable, la différence en moins entre les deux frets doit être payée à ce capitaine. Mais il ne lui est rien dû si le nouveau fret est égal à celui qui avait été convenu avec lui; et, si le nouveau fret est supérieur, la différence en plus est supportée par le chargeur.

Admis, moyennant l'addition au paragraphe 2 : Après, à destination, ajouter : « par un autre navire: » et, à la fin du paragraphe 3, substituer les mots : *par les marchandises*, au lieu de *par le chargeur*.

Article 299.

Le capitaine qui a concouru au sauvetage ou au rachat des marchandises non parvenues à destination a droit à une indemnité, qui, en cas de contestation, est réglée par les tribunaux.

On ne comprend pas que le capitaine ait des droits à une indemnité pour avoir concouru au sauvetage ou au rachat des marchandises non parvenues à destination, attendu qu'il est tenu, sous peine d'en répondre en son propre nom, de sauver ce qu'il peut des marchandises de son chargement.

Cet article nouveau est donc en désaccord avec les devoirs imposés au capitaine (article 249), et, pour cette raison, il doit être écarté.

Article 300.

Si personne ne se présente pour se faire délivrer les marchandises ou si le destinataire refuse de les recevoir, le capitaine peut, par autorité de justice, en faire vendre pour le payement de son fret et faire ordonner le dépôt du surplus.

S'il y a insuffisance, il conservera son recours contre le chargeur.

Au paragraphe 2, s'il y a insuffisance, il *conservera* son recours contre le chargeur. Il conviendrait de dire : s'il y a insuffisance, il CONSERVE.

Article 301.

Le capitaine ne peut retenir les marchandises dans son navire faute de payement de son fret. Il peut, dans le temps de la décharge, demander le dépôt en mains tierces jusqu'au payement de son fret.

Admis.

Article 302.

Le capitaine est privilégié sur tous les créanciers pour le payement de son fret et des contribu-
butions d'avaries qui lui sont dues, sur les marchandises de son chargement pendant quinzaine après
eur délivrance, si elles n'ont passé en mains tierces.

Admis.

Article 303.

Le réclamateur ou le propriétaire ne peut abandonner pour le fret les marchandises diminuées de
prix ou détériorées par leur vice propre ou par cas fortuit.
Si toutefois des futailles contenant vin, huile, miel et autres liquides, ont tellement coulé qu'elles
soient vides ou presque vides, lesdites futailles pourront être abandonnées pour le fret.

Admis, en supprimant le paragraphe 2.
Cette disposition ne repose sur aucun motif solide; dans la pratique, on est souvent
conduit à y renoncer conventionnellement, pour n'avoir pas à subir des taux de fret
beaucoup plus élevés que ceux des marchandises non sujettes à coulage.
La Chambre proposerait la rédaction suivante pour cet article :
« Le réclamateur ou le propriétaire ne peut abandonner pour le fret que les marchandises atteintes d'avaries par le fait ou la faute du capitaine, et, dans ce cas, le navire
est tenu de tous autres dommages-intérêts, s'il y a lieu, sauf son recours contre le
capitaine personnellement. »

CHAPITRE III.

DU CONNAISSEMENT.

Article 304.

Le connaissement doit exprimer la nature et la quantité des objets à transporter.
Il indique :
Le nom du chargeur ;
Le nom, la nationalité et le tonnage du navire;
Le nom et le domicile du capitaine ;
Le lieu du départ et celui de la destination.
Il présente en marge les marques et numéros des objets à transporter ;

Il énonce le prix du fret, à moins qu'il ne se réfère à la charte-partie.

Le connaissement peut être à ordre, au porteur, ou à personne dénommée.

Quatrième paragraphe. Il est inutile et contre l'usage d'indiquer le tonnage.

Cinquième paragraphe. Il est également inutile d'indiquer le domicile du capitaine.

ARTICLE 305.

Le connaissement est fait en trois originaux au moins, un pour le chargeur, un pour celui à qui les marchandises sont adressées, un pour le capitaine.

Chaque original doit énoncer en combien d'originaux le connaissement est fait.

L'original du connaissement destiné au capitaine est signé par le chargeur ; les autres originaux sont signés par le capitaine ou par son représentant.

Lorsqu'il y a plusieurs originaux pour celui à qui les marchandises sont adressées, chacun de ces originaux énonce s'il est fait par 1er, 2e ou par 3e, etc.

Le connaissement doit être signé dans les vingt-quatre heures du chargement.

Le chargeur est tenu de fournir dans le même délai au capitaine les acquits des marchandises chargées.

Troisième paragraphe. Jusqu'à présent, il n'a pas été question de « *représentant du capitaine.* » Cette faculté insérée dans la loi (article 305) parait contraire à l'esprit et à la lettre de l'article 231. — Les mots : « ou par son représentant, » doivent être rayés.

Quatrième paragraphe. Ici commence la complication. à propos de numéros.

Avant de le démontrer. il est utile de rappeler ce que prescrit à cet égard le Code actuel. — Il dit. article 282 :

« Chaque connaissement est fait en quatre originaux *au moins*, etc. »

En application de ce qui précède, il est passé dans l'usage que chaque exemplaire de connaissement porte :

« En foi de quoi. j'ai signé (?...) connaissements *d'une même teneur*, dont l'un accomplit » les autres de nulle valeur. »

Ainsi. en supposant que le connaissement est fait en cinq exemplaires, il est écrit : « J'ai signé cinq connaissements d'une même teneur. » et il ne peut pas en exister un plus grand nombre.

Mais. indépendamment des difficultés. nous disons plus, des impossibilités qui seront démontrées contre le système de numéros. lors de l'examen de l'article 308, comment pouvoir rédiger d'une manière compréhensible les connaissements, quant au nombre d'originaux ?

Il semble que les auteurs de l'article 305 ont entendu vouloir distinguer deux espèces d'originaux. D'abord. ceux destinés au chargeur, — au capitaine, — puis celui destiné au réclamateur. — En effet, ce dernier ne peut être exactement fait dans la même forme. puisqu'il devra indiquer s'il est fait en premier, deuxième ou troisième.

Il faudra donc que l'original aux mains du capitaine. ainsi que celui aux mains du chargeur, indique :

1° Le nombre d'originaux faits pour le capitaine, le chargeur et le destinataire ;

2° Le nombre de copies (deuxième, troisième. etc.), de l'original du connaissement, pour le destinataire, car il faudrait bien que le connaissement aux mains du capitaine fit mention du nombre des originaux et copies d'original signées par lui.

On voit déjà dans quelles nouvelles complications on tomberait, et, à la suite, les erreurs qui seraient inévitablement commises.

A ce point de vue seul. le régime actuel est bien préférable, mais on verra, lors de l'examen des articles 307 et 308, que le système proposé est inexécutable.

La Chambre demande que le dernier paragraphe de l'article 305 soit rédigé de la manière suivante :

« Le chargeur est tenu de fournir dans le même délai au capitaine les documents qui » doivent accompagner les marchandises chargées. »

Article 306.

Le connaissement, rédigé dans la forme ci-dessus prescrite, fait foi entre toutes les parties intéressées au chargement, et entre elles et les assureurs.

Admis.

Article 307.

En cas de diversité entre le connaissement signé par le chargeur et ceux qui sont signés par le capitaine, chaque original fait foi contre la partie qui l'a signé.

En cas de diversité entre les connaissements signés par le capitaine, chaque original fait foi, jusqu'à preuve contraire, dans l'ordre des numéros.

Nouveau. — La Chambre est d'avis que cet article doit être écarté *en entier*, et elle demande le maintien. simplement. de l'article 284 actuel.

L'article nouveau se divise en deux paragraphes : le premier paragraphe, en proposant *que chaque original fasse foi contre la partie qui l'a signé*. a paru faire une concession excessive. N'est-ce pas, en effet. accorder une portée beaucoup trop grande, en pareille matière, au fait unique de *la signature*. quand tout le monde sait comment dans la pratique les connaissements sont généralement, de part et d'autre, préparés et contrôlés par de simples commis ?

Le paragraphe second va encore plus loin : en attribuant la préférence à *l'ordre des numéros*. c'est en réalité *au hasard*. seul, qu'il laisse la décision de questions qui peuvent être extrêmement graves.

La Chambre ne pense pas que la loi puisse consacrer une mesure qui serait un complet abandon de tous principes.

N'est-ce pas, en effet, dans l'examen des faits et des circonstances, qui peuvent conduire à discerner la commune intention, ou les droits réels des parties, que la loi *doit* prévoir ou faire rechercher la solution des questions en litige. afin qu'elles soient tranchées d'après les règles du droit et de l'équité ?

Attribuer cette solution. même temporairement, à des dispositions purement réglementaires, inévitablement exécutées par des commis subalternes, et exposées aux conséquences d'erreurs ou d'abus même qui peuvent en résulter, ne paraît donc pas admissible.

Si puissante, pourtant. que soit cette considération, elle n'est pas la seule à opposer à la création proposée des *numéros d'ordre*.

Supposé. en effet, que ce système soit adopté en France, le sera-t-il de même à *l'étranger* ?

Pour nous, la réponse n'est pas douteuse : Evidemment. non. On peut affirmer, sans crainte d'être démenti, qu'avec le besoin universel de rapidité. de *simplicité*, dans le mouvement des opérations. cette création de *numéros d'ordre*. purement arbitraires, avec ses complications, ses dangers nombreux et manifestes, ne trouvera d'imitateurs nulle part.

On peut donc regarder comme certain que les connaissements émanant de nos ports porteront *seuls* les numéros prescrits. et tous ceux venant de *l'étranger* en France, continueront à n'en recevoir aucun. Quel sera. dès lors. l'effet de la loi nouvelle ? Sans application possible *à l'étranger*. entre connaissements *de France* en mains étrangères, elle n'en aura pas davantage, *en France* même. entre connaissements de *l'étranger* : or, n'est-ce pas cette dernière classe, en fait. qui forme la plus large part dans les affaires de toutes nos places de commerce ?

Ces deux considérations, sur le fond même et sur l'inefficacité de la mesure, nous semblent décisives contre la création proposée *des numéros d'ordre*, avec droit de priorité et suffisantes pour nous dispenser d'en poursuivre l'analyse dans les autres applications projetées. qui ne résistent pas mieux à un examen pratique.

Quant au maintien de l'article 284 actuel, la Chambre le demande, tout en reconnaissant qu'il ne sera que très rarement applicable : mais elle ne peut, non plus, proposer rien de plus efficace.

Dans les cas de différence dont il s'agit, on a vu qu'en Hollande, foi est accordée à *l'exemplaire le plus régulier*; en Portugal, c'est *le plus grand nombre*, entre les divers exemplaires, qui fait foi ; en Angleterre, la loi porte *qu'on doit s'en rapporter à la bonne foi du capitaine*. Aucune de ces dispositions ne nous paraîtrait acceptable; dans leur insuffisance, néanmoins. toutes rendent hommage aux principes dans une certaine mesure.

L'article 284 actuel, qui n'est que la reproduction de l'ordonnance de 1681, a prévalu encore dans la discussion de 1807 : si son application *littérale* est devenue de plus en plus rare, *l'esprit* de ses dispositions (que Locré qualifie *d'infiniment sages*), reste du moins comme un fil conducteur dans la recherche de la vérité, pour tous les intérêts; c'est à ce titre que son maintien nous paraît surtout désirable. En définitive, le juge prononcera quand il y aura lieu, tous les moyens de droit restant réservés à toutes les parties.

Article 308.

Le porteur du connaissement, même en vertu d'un endossement en blanc, a seul le droit de se faire délivrer le chargement par le capitaine.

S'il se présente plusieurs réclamateurs porteurs de divers numéros d'un même connaissement, le capitaine doit s'adresser, en France, au tribunal de commerce; en pays étranger, au consul de France ou au magistrat du lieu, pour faire nommer un consignataire auquel il fera la délivrance du chargement contre le payement du fret.

Le capitaine se pourvoira de la même manière, encore bien qu'un seul réclamateur se présente, si, ce réclamateur n'étant pas porteur de l'original n° 1, il y a opposition à la délivrance de la marchandise.

Si le porteur de l'original n° 1 se présente seul pour réclamer la marchandise, le capitaine est tenu de lui en faire la délivrance, alors même qu'il y aurait opposition de la part d'un tiers non porteur d'un autre original.

A défaut d'opposition, et si un seul réclamateur se présente, le capitaine doit lui remettre la marchandise, quel que soit le numéro de l'original produit.

S'il est produit plusieurs exemplaires non numérotés d'un connaissement, le capitaine doit se pourvoir à l'effet de faire nommer un consignataire, ainsi qu'il est dit ci-dessus.

Les auteurs de l'article 308 (en projet) ont complétement perdu de vue les éventualités créées par les événements de mer. Voici ce qu'ils ne paraissent pas avoir prévu. Il arrive souvent que le duplicata, par une circonstance fortuite, parvient avant le primata; de plus, le primata peut s'égarer. Le réclamateur le plus légitime peut n'avoir entre ses mains que le n° 2, en tout semblable au n° 1; et cependant on pourra faire opposition à la délivrance de la marchandise!... Et, si le connaissement n° 1 ne parvient pas, qu'adviendra-t-il ? Le réclamateur légitime porteur du n° 2 sera donc plus mal placé que s'il avait reçu le n° 1, quoique armé d'un titre parfaitement régulier.

Pourquoi déclarer que l'opposition d'un tiers, non porteur d'un connaissement, n'est pas valable à l'égard du porteur n° 1, quand, dans les mêmes circonstances, elle sera valable contre le porteur du n° 2. Ne vaut-il pas mieux dans tous les cas, que le tribunal, ou l'autorité compétente, reste juge de la validité de l'opposition.

Nous repoussons en entier l'article 308 nouveau.

Enfin, nous proposons de conserver les articles 283 et 284 actuellement en vigueur, en supprimant l'article 308 proposé.

Article 309.

En cas de naufrage ou de relâche forcée, tout porteur d'un connaissement, quel qu'en soit d'ailleurs je numéro et alors même qu'il serait à personne dénommée, peut exercer tous les droits du chargeur, se faire délivrer la marchandise par le capitaine et en toucher le produit, à la charge de fournir caution, et en se faisant autoriser, en France, par le tribunal de commerce, en pays étranger, par le consul de France ou le magistrat du lieu, qui prescrira telles mesures conservatoires des droits des tiers qu'il jugera convenable.

Au cas de relâche forcée ou de naufrage, s'il arrive aujourd'hui que les *chargeurs*,

se mettent en avant, pour venir en aide au sauvetage ou autrement, ce n'est que comme *propriétaires*, ou comme *fondés de pouvoirs* ou *représentants* des *propriétaires* de la marchandise, et après qu'ils se sont fait reconnaître en *ces qualités*, qu'ils peuvent agir. Il ne saurait en être autrement; puisqu'une fois le connaissement sorti de ses mains, *le chargeur* n'est plus rien, la marchandise dès lors *appartenant* au détenteur régulier du connaissement.

C'est donc à tort que l'article nouveau suppose que le chargeur *a des droits*, notamment celui de se faire délivrer la marchandise, ou d'en toucher le produit, et propose de transmettre ces *prétendus droits à tout porteur* d'un connaissement, moyennant autorisation de justice : ce ne serait là rien moins qu'empiéter sur les droits du *propriétaire* même, et l'exposer non-seulement à de graves embarras, mais à des dangers de toute sorte.

Dans l'état actuel de la législation, les devoirs, en cas de relâche forcée ou de naufrage, sont tracés pour chacun : au capitaine et à l'autorité maritime ou consulaire, en France et à l'étranger, sont dévolus les soins du sauvetage et les mesures qui en sont la conséquence ; et, quant aux marchandises, rien ne se fait sans l'intervention de la justice dans l'intérêt des tiers absents, pour la sécurité desquels il ne paraît pas exister de lacune à laquelle il y ait lieu de suppléer.

On fait de plus remarquer que si après une relâche forcée, le navire s'étant fait réparer, continuait son voyage et arrivait à destination, le capitaine ne serait pas dégagé de l'obligation de délivrer la marchandise au lieu de reste au destinataire qui serait porteur d'un connaissement régulier. L'autorisation qui aurait été donnée en France par le tribunal de commerce, et à l'étranger par le consul de France ou le magistrat du lieu, de délivrer la marchandise à tout porteur de connaissement qui se serait présenté au lieu de relâche pour les réclamer, serait sans valeur à l'égard des étrangers, et elle pourrait être l'objet de contestations entre nationaux.

Une pareille clause admise dans nos lois, aurait pour effet d'amoindrir à l'étranger la valeur du connaissement français, et par suite de porter préjudice à nos relations maritimes.

ARTICLE 310.

Tout commissionnaire ou consignataire qui aura reçu les marchandises mentionnées dans les connaissements ou chartes-parties sera tenu d'en donner reçu au capitaine qui le demandera, à peine de tous dépens et dommages-intérêts, même ceux de retardement.

Ancien 285, maintenu.

Havre. — Imp. G. Cazavan et Cⁱᵉ, rue Saint-Julien, 16.